BEI GRIN MACHT SICH IHR WISSEN BEZAHLT

AF151447

- Wir veröffentlichen Ihre Hausarbeit,
  Bachelor- und Masterarbeit

- Ihr eigenes eBook und Buch -
  weltweit in allen wichtigen Shops

- Verdienen Sie an jedem Verkauf

**Jetzt bei www.GRIN.com hochladen
und kostenlos publizieren**

Bibliografische Information der Deutschen Nationalbibliothek:

Die Deutsche Bibliothek verzeichnet diese Publikation in der Deutschen National-
bibliografie; detaillierte bibliografische Daten sind im Internet über http://dnb.d-
nb.de/ abrufbar.

Impressum:

Copyright © 2014 GRIN Verlag, Open Publishing GmbH
Druck und Bindung: Books on Demand GmbH, Norderstedt Germany
ISBN: 978-3-668-09154-2

Dieses Buch bei GRIN:

http://www.grin.com/de/e-book/310123/trainingsplanung-nach-der-ilb-methode-
fuer-einen-23-jaehrigen-kandidaten

Anonym

Trainingsplanung nach der ILB-Methode für einen 23-jährigen Kandidaten

GRIN Verlag

GRIN - Your knowledge has value

Der GRIN Verlag publiziert seit 1998 wissenschaftliche Arbeiten von Studenten, Hochschullehrern und anderen Akademikern als eBook und gedrucktes Buch. Die Verlagswebsite www.grin.com ist die ideale Plattform zur Veröffentlichung von Hausarbeiten, Abschlussarbeiten, wissenschaftlichen Aufsätzen, Dissertationen und Fachbüchern.

Besuchen Sie uns im Internet:

http://www.grin.com/

http://www.facebook.com/grincom

http://www.twitter.com/grin_com

Inhaltsverzeichnis

2. Diagnose

Allgemeine und biometrische Daten	
Name:	Herr M.
Alter:	23 Jahre
Geschlecht:	männlich
Körpergröße:	188 cm
Körpergewicht:	88,0 Kg
Beruf:	Student
Sportliche Aktivitäten:	- Seit fünfzehn Jahren American Football (Breitensport), drei Einheiten/Woche - Seit 19 Monaten Fitness (Ausgleich), zwei Einheiten/Woche
Ableitende Ziele:	- Kraftausdauer - Muskelaufbau/ Aufbau von Muskelmasse - Reduzierung von Körperfett
Zeitlicher Rahmen:	4 Mal/ Woche, ca. 60 min
Trainingsmotive:	Muskelaufbau, Sportliche Figur ver- bessern
Ziele:	Training des gesamten Körpers, sowie halten des Gewichts bei Senkung des Körperfettanteils
Kraft- sportliche Aktivität	Krafttraining (seit 19 Monaten)
- Leistungsumfang	- zwei Mal wöchentlich
- Leistungsstufe	- Fortgeschritten
Andere sportliche Aktivität	American Football, Joggen
- Leistungsumfang	- drei Mal wöchentlich
- Leistungsstufe	- Breitensport
Momentanes Leistungsniveau:	Gut trainiert

Tabelle 1: *Allgemeine und biometrische Daten*

Allgemeiner Gesundheitszustand	
Gelenke:	Bänderiss im linken Sprunggelenk (Juni 2010)
Wirbelsäule:	Leichte Skoliose
Ärztliche Behandlung:	keine
Einnahme von Medikamenten:	keine
Internistische Probleme:	keine
Operationen:	keine
Sonstiges:	Leichtere Probleme im Lendenwirbelsäulen-bereich (LWS),

Tabelle 2: Allgemeiner Gesundheitszustand

Biometrische Daten		
Biometr. Parameter	Werte des Herrn M.	Normwerte
Blutdruck: (= Druck des strömenden Blutes auf die Gefäßwand, gemessen in mmHg = Milli-meter Quecksilbersäule)	Systolischer Blutdruck SBD 126 mmHg Diastolischer Blutdruck DBD 84 mmHG	Systolischer Blutdruck: Untrainiert < 139 Optimal < 120 Diastolischer Blutdruck: Untrainiert < 89 Optimal < 80 Bewertung: Beide Werte lie-gen im Normalbereich
Ruhepuls:	64 Schläge/min	Ruhepuls (bei erw. Mann) 60-80 Schläge/Minute Bewertung: Normalbereich
BMI	24,9	BMI männlich, 19-24 Jahre 20-25 Bewertung: Normalgewicht
Körperfett (%):	18,7	Norm: 8,0% - 19,9% Bewertung: Normalbereich

Tabelle 3 : Übersicht über die biometrischen Daten und Vergleich mit dem Normwert

(vgl. Deutsche Gesellschaft für Ernährung)

(vgl. Studienbrief „Medizinische Grundlagen")

(vgl. Omron/ Gallagher et al.)

Tabelle zur Bewertung des BMI:

Gewichtsklasse	BMI [kg/m²]
Untergewicht	< 18,5
Normalgewicht	18,5 – 24,9
Übergewicht	> 25,0
Präadipositas	25 – 29,9
Adipositas Grad I	30 – 34,9
Adipositas Grad II	35 – 39,9
Adipositas Grad III	> 40

Tabelle 4: Gewichtsklassifikation bei Erwachsenen (nach WHO, 2000)

Tabelle zur Bewertung des Blutdrucks:

Wertung	Systolischer Blutdruck	Diastolischer Blutdruck
Normblutdruck (Normotonie)		
optimal	unter 120 mmHg	unter 80 mmHg
normal	unter 130 mmHg	unter 85 mmHg
hochnormal	bis 139 mmHg	bis 89 mmHg
Bluthochdruck (arterielle Hypertonie)		
Stufe 1	140- 159 mmHg	90- 99 mmHg

Stufe 2	160- 179 mmHg	100- 109 mmHg
Stufe 3	> 180 mmHg	> 110 mmHg

Tabelle 5: Blutdruckklassifikationen der American Herat Association

Bewertung der Belastbarkeit beziehungsweise Trainierbarkeit der Person:

Herr M. weist in seinen erhobenen Daten im Hinblick auf Belastbarkeit und Trainierbarkeit keine erheblichen Defizite auf. Blutdruck und Ruhepuls liegen im Normalbereich, sodass beim Krafttraining keine Probleme auftreten sollten. Durch das bis vor einem halben Jahr anhaltende American-Footballtraining und dem seither verstärkten Krafttraining ist Herr M. in einer guten körperlichen Verfassung. Weder die von der Testpersonen beschriebenen Probleme im Lendenwirbelsäulenbereich, noch Nachwirkungen des Bänderrisses im linken Sprunggelenk stellen allzu große Hindernisse bei der Erstellung einer Trainingsplanung dar.

Die private Situation der Testperson lässt viele Trainingseinheiten zu, die allerdings nicht länger als eine Stunde dauern sollten.

Krafttestung mit der Individuelle-Leistungsbild-Methode:

Oft scheitert eine Trainingsplanung schon vor Beginn des eigentlichen Trainings. Es mangelt an einer passenden Trainingsmethode, da viele Trainierende die bevorstehende Trainingssituation, sowie ihre eigene Situation falsch einschätzen. Viele Kraftsportler unter- oder überschätzen die eigene Belastbarkeit. Damit der Trainierende seine Ziele erreichen kann, muss strukturiert und zielgerichtet vorgegangen werden. Um eine Trainingsplanung optimal durchführen zu können, muss zu Beginn ein Krafttest mit dem Kunden durchgeführt werden.

Bei der Individuellen-Leistungsbild-Methode (ILB-Methode) (vgl. Studienbrief „Trainingslehre I", S. 156 ff) wird die Wiederholungsanzahl auf das spätere Training ausgerichtet. Das heißt, dass mit der selben Wiederholungszahl getestet wird, mit der im Folgenden auch trainiert werden soll.

Da die vorliegende Testperson aus dem Fitness- und Gesundheitssport kommt, ist gerade hier die ILB- Methode von Vorteil. Ohne größeren Kraftaufwand lassen sich Wiederholungszahl, Satzzahl und Übungsauswahl festlegen.

Durchführung der ILB-Methode

(vgl. Studienbrief „Trainingslehre I", S. 157, Tabelle 26: Durchführung der ILB-Methode im Überblick):

1. Schritt:

Hier findet die Zielsetzung des Trainierenden statt. Dementsprechend werden die Wiederholungen der durchzuführenden Übung angepasst. Je nach Ziel der Testperson im aktuellen Mesozyklus sieht die Wiederholungszahl für Kraftausdauer, Hypertrophie sowie Maximalkraft folgendermaßen aus:

1. Kraftausdauer: 15 - 30 Wiederholungen

2. Hypertrophie: 8 - 15 Wiederholungen

3. Maximalkraft: 5 - 8 Wiederholungen

2. Schritt:

Nun wird der ILB-Test durchgeführt. Hierbei ist jetzt die gewünschte Wiederholungszahl zu beachten.

1. allgemeines Aufwärmen (auf einem Ausdauergerät)

2. spezielles Aufwärmen (an dem zu testenden Gerät)

3. Testsätze mit der festgelegten Wiederholungszahl

3. Schritt:

Im letzten Schritt wird nun die Trainingsplanung anhand der ermittelten Ergebnisse umgesetzt. Hierzu dient das „Grobraster zur Trainingsplanung nach der ILB-Methode" (vgl. Studienbrief „Trainingslehre I", S. 156, Tabelle 25)

Beschreibung des Testablaufs:

Im ersten Mesozyklus soll Herr M. seine Kraftausdauer trainieren. Folglich wird bei der ILB-Methode eine Wiederholungszahl gewählt, die zwischen 15 und 30 Wiederholungen liegt.

Wiederholungszahl: 20

1. Allgemeines Aufwärmen

Die Testperson läuft 10 Minuten auf dem Crosstrainer, wobei die Intensität jede Minute leicht gesteigert wird.

2. Spezielles Aufwärmen

Nun werden speziell die Muskelgruppen aufgewärmt, die für die darauf folgenden Testsätze benötigt werden. Dies wird am Testgerät selbst ausgeführt. Der Krafttest selbst wird auf zwei Tage verteilt, da mehrere Übungen, die dieselbe Muskelgruppe beanspruchen im Trainingsplan enthalten sind. Beispielhaft könnte man vor einem Testsatz Kniebeugen eine alternative Maschine in diesem Fall die Beinpresse zum „Warm Up" benutzen.Um sich jedoch schon an den Bewegungsablauf zu gewöhnen, werden die Aufwärmsätze am entsprechenden Gerät durchgeführt.

Gerät	Wiederholungen	Gewicht
Kniebeuge (Langhantel)	20	100kg
Bankdrücken (Flachbank, Langhantel)	20	70kg
Butterfly (Maschine)	20	60kg
Schulterdrücken (Langhantel)	20	25kg
Seitheben (Kabelzug)	20	15kg
Trizepsdrücken (Kabelzug)	20	65kg
Rudern (horizontal am Turm, enger NG)	20	70kg
Butterfly Reverse (Maschine)	20	40kg

Tabelle 6: Geräte und Durchführung der ILB-Methode Tag 1

Gerät	Wiederholungen	Gewicht
Beinpresse (Maschine)	20	150kg
Bankdrücken (Schrägbank, Langhantel)	20	75kg
Fliegende Gerade (Schrägbank, Kurzhanteln)	20	2x 12,5kg
Kreuzheben (Langhantel)	20	80kg
Latzug (vertikal am Turm, weiter OG)	20	70kg
Bauch (Maschine)	20	50kg
Bizeps (Kurzhanteln)	20	2x 12,5kg

Tabelle 7: Geräte und Durchführung der ILB-Methode Tag 2

3. Durchführung der Testsätze

Nun wird versucht das Gewicht so zu wählen, dass der Proband bei der gewählten Wiederholungszahl (20 Wiederholungen) an die persönliche Leistungsgrenze gelangt. Das Gewicht, das zu dieser Anstrengung führt, dient im kommenden Mesozyklus als Ausgangswert.

Es sollte darauf geachtet werden, das Gewicht so zu wählen, dass die Testperson mit maximal drei Testsätzen das für sie subjektiv schwerste

Gewicht findet. Zwischen den Sätzen sollte eine Pause von jeweils

3 Minuten eingehalten werden, um das Testergebnis nicht zu verfälschen.

Gerät	Wiederho-lungen	Gewicht 1 TS	2 TS	3TS
Kniebeuge (Langhantel)	20	90kg	100kg	105kg
Bankdrücken (Flachbank, Langhantel)	20	60kg	70kg	75kg
Butterfly (Maschine)	20	60kg	70kg	
Schulterdrü-cken (Lang-hantel)	20	25kg	27,5kg	
Seitheben (Kabelzug)	20	10kg	15kg	
Trizepsdrü-cken (Kabel-zug)	20	45kg	65kg	70kg
Rudern (horizontal am Turm,enger NG)	20	60kg	70kg	75kg
Butterfly Reverse (Maschine)	20	40kg	45kg	

TS = Testsatz   WDH = Wiederholungen

Tabelle 8: Ergebnisse der Testsätze Tag 1

Gerät	WDH	Gewicht		
		1 TS	2 TS	3TS
Beinpresse (Maschine)	20	130kg	150kg	160kg
Bankdrücken (Schrägbank, Langhantel)	20	60kg	75kg	77,5kg
Fliegende (Schrägbank, Kurzhanteln)	20	2x 12,5kg	2x 15kg	
Kreuzheben (Langhantel)	20	80kg	85kg	
Latzug (vertikal am Turm zur Brust, weiter OG)	20	65kg	70kg	
Bauch (Maschine)	20	45kg	50kg	
Bizepscurls (Kurzhanteln)	20	2x 12,5kg	2x 15kg	

TS = Testsatz   WDH = Wiederholungen

Tabelle 9: Ergebnisse der Testsätze Tag 2

Schlussfolgerung beziehungsweise Konsequenzen und Bewertung der
Testergebnisse:

Durch die vorliegenden Ergebnisse der ILB-Methode, ist nun ein weiterer Schritt
in Richtung Trainingsplanung getan. Es kann nun mit einem gezielten Training
begonnen werden. Es gibt keine Besonderheiten, auf die geachtet werden muss.
Die Technik der einzelnen Übungen sollte aber stets überwacht werden, um Ge-
lenkschmerzen bzw. sogar im Schlimmsten Fall Verletzungen zu vermeiden.

Schlussfolgernd lässt sich sagen, dass mit Herr M. ein systematisches Training
durchzuführen ist. Dabei sollte das Gewicht ständig kontrolliert werden.

3. Zielsetzung/ Prognose

Allgemein:

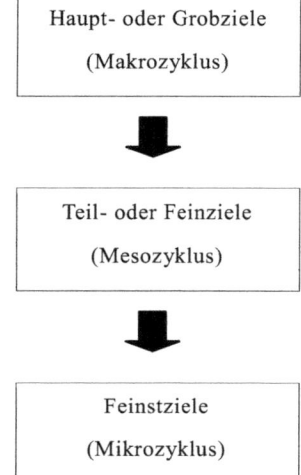

(vgl. Studienbrief „Trainingslehre I", S. 40, Abb. 11: Unterteilung in Haupt-, Teil- und Feinstziele)

Diese Ziel ergeben sich aus der Zieldefinitionsgleichung:

Ziel = Inhalt + Ausmaß + Zeit

(vgl. Studienbrief „Trainingslehre I", S. 40, Abb. 12: Zieldefinition: Ziel = Inhalt + Ausmaß + Zeit)

Ziele der Herr M.:

1. Muskelaufbau/ Aufbau von Muskelmasse (biometrisches Ziel)

2. Kraftsteigerung (sportmotorisches Ziel)

3. Halten des Gewichts bei Senkung des Körperfettanteils (biometrisches Ziel)

Zu 1.: Die Testperson möchte am ganzen Körper Muskelmasse aufbauen um eine sportliche Figur zu erlangen. Im ersten Trainingsjahr besteht für Anfänger die Möglichkeit einen Muskelaufbau von 5 - 8 Kilogramm zu erreichen. Da die Testperson bereits seit 19 Monaten trainiert und schon ein gewisses Maß an Muskulatur aufgebaut hat, sind mehr als fünf Kilogramm Zuwachs an Muskelmasse nicht realistisch. Die Ziele der einzelnen Zyklen können wie folgt dargestellt werden.

Makrozyklus: bis zu 5kg in einem Jahr

Mesozylus: ca. 0,7 Kilogramm in 8 Wochen

Mikrozyklus: hier ist es schwer, ein Ziel für Muskelaufbau zu definieren

Zu 2.: Oftmals entstehen Disbalancen der Muskulatur und Rückenschmerzen durch langes Sitzen. Für Berufstätige oder Studenten mit überwiegend sitzender Tätigkeit ist daher ein regelmäßiges Krafttraining und ein somit verbundener Kraftzuwachs extrem wichtig.

Für fortgeschrittene Trainierende ist ein Kraftzuwachs von etwa 14% in sechs Wochen beim Bankdrücken und in der Beinpresse zu erreichen (vgl. Studienbrief „Trainingslehre I", S. 157).

Makrozyklus:	ca. 65%
Mesozyklus:	ca. 13%
Mikrozyklus:	ca. 2%

Zu 3.: Ein kalorisches Defizit in der Ernährung sorgt dafür, dass der Körper Masse abbaut. Hält man das Kaloriendefizit im kleinem Rahmen und begibt sich nicht zu weit unter seinen Energiebedarf, ist es möglich mit genug Eiweißzufuhr und anhaltenden Training das Abbauen der Muskulatur weitestgehend zu verhindern. Bei einem Defizit von etwa 300kcal und einer Proteinzufuhr von mindestens 2g Eiweiß pro Kilogramm Körpergewicht sollte es möglich sein, 250 – 500g Körperfett zu verlieren ohne viel Muskulatur abzubauen.

Makrozyklus:	bis zu 6kg
Mesozyklus:	bis zu 2kg
Mikrozyklus:	bis zu 0,5kg

4. Trainingsplanung Makrozyklus

	Mesozyklus I	Mesozyklus II	Mesozyklus III	Mesozyklus IV
Dauer	6 Wochen	8 Wochen	8 Wochen	4 Wochen
Spezifisches Trainingsziel	Kraftausdauer	Hypertrophie	Hypertrophie	Maximalkraft
Organisationsform	Split/Station	Split/Station	Split/Station	Split/Station
Einheiten pro Woche	4	4	4	4
Übungen pro Muskelgruppe	1 – 3	1 – 3	1 – 3	1 – 3
Anzahl Sätze pro Übung	3	3	3	3
Wiederholungszahlen	20	12	8	5
Intensität in % ILB	70 – 90	70 – 90	70 – 90	70 - 90
Satzpausen in Sekunden	60	90	120	180
Time under Tension in Sekunden	80	48	32	15
Geschwindigkeit in Sekunden (ex | stat | konz)	2 | 0 | 2	3 | 0 | 1	3 | 0 | 1	3 | 0 | X

X = explosiv Tabelle 10: Makrozyklus

<u>Testablauf in den einzelnen Mesozyklen</u>

Vor Beginn eines jeden Mesozyklus findet der ILB-Test statt, um das neue Trainingsgewicht zu bestimmen. Hierbei wird jeweils mit der Wiederholungszahl getestet, mit der im darauffolgenden Mesozyklus trainiert werden soll. Dementsprechend mit 20 Wiederholungen vor dem ersten Mesozyklus, mit 12, 8 beziehungsweise 5 Wiederholungen vor den kommenden Zyklen. Nach dem vierten Mesozyklus wird Herr M. einem Re-Test unterzogen.

<u>Begründung der Trainingsmethode/ Organisationsformen:</u>

Der Gesundheitszustand der vorliegenden Person zeigt keine gravierenden Probleme. Hingegen hat Herr M. schon einige Erfahrungen im Bereich des Krafttrainings sammeln können und auch seit längerer Zeit mit freien Gewichten trainiert.

Zu Beginn wird trotzdem ein sechswöchiger Mesozyklus mit Kraftausdauertraining durchgeführt, um den Körper und vor allem die Muskeln, Gelenke, Bänder und Knorpel langsam aber trotzdem gezielt und bewusst zu trainieren und an die Bewegungsabläufe zu gewöhnen. Hierbei kommt es in erster Linie zu einer Verbesserung der intramuskulären Koordination (vgl. Schmidtbleicher 1994). Außerdem ist es sinnvoll den Körper bei viermaligem Training pro Woche zuerst auf die Widerstandsfähigkeit gegen Ermüdung zu trainieren (vgl. Studienbrief „Trainingslehre I", S. 58). Bei viermaligem Krafttraining pro Woche ist sinnvoll, die einzelnen Muskelgruppen aufzuteilen und kein Ganzkörpertraining mehr durchzuführen um nicht gegen die übergeordneten Prinzipien der Trainingslehre zu verstoßen (vgl. Studienbrief „Trainingslehre I", S. 23 ff).

Da die Person seit 19 Monaten trainiert, kann sie nach dem Grobraster zur Trainingsplanung (vgl. Studienbrief „Trainingslehre I", S. 156, Tabelle 25) als Fortgeschrittener eingestuft werden.

Das primäre Ziel des Trainierenden ist Muskelaufbau. Daher wurde im Makrozyklus das Augenmerk mit 16 Wochen auf das Hypertrophietraining gelegt.

Des Weiteren wird aus der Tabelle ersichtlich, dass der Trainerende die Möglichkeit eines Ganzkörpertrainings oder eines Split-Trainings hat.

Begründung der Belastungsparameter:

Für das Training konnte Herr M. einen zeitlichen Verfügungsrahmen von vier mal pro Woche von etwa 60 Minuten angeben. Da die Testperson als Fortgeschrittener eingestuft werden kann, sollte ein Training nicht häufiger als viermal wöchentlich stattfinden (vgl. Studienbrief „Trainingslehre I", S. 156, Tabelle 25: Grobraster zur Trainingsplanung nach der ILB-Methode (vgl. Eifler, 2000; Strack & Eifler, 2005)). Das primäre Ziel der Testperson ist Muskelaufbau, deshalb sollte eine Trainingseinheit nicht länger als 45 Minuten dauern, da der Körper durch das ausgeschüttete Cortisol in einen katabolen Zustand fällt (Studienbrief „Trainingslehre II", Februar 2013, S. 188).

Der Trainingsumfang für die Person wurde dementsprechend auf vier Einheiten die Woche a circa 45 Minuten festgelegt.

Ebenfalls aus der Tabelle „Grobraster zur Trainingsplanung" (vgl. Studienbrief „Trainingslehre I", S. 156, Tabelle 25) wird ersichtlich, dass ein fortgeschritten Trainierender drei Sätze pro Übung sowie 1-3 Übungen pro Muskelgruppe durchführen soll.

Bei einer Person mit der Erfahrung der Testperson kann Intensität des ILB-Tests auf 70 – 90 % des Testgewichts festgelegt werden.

Begründung der Periodisierung:

Da ein deutlicher Vorteil von Trainingsplänen mit Periodisierung gegenüber nicht periodisierten Trainingsplänen festgestellt wurde, ist für Testperson A ein Makrozyklus über sechs Monate erstellt worden (vgl. Rhea Mr, Alderman B: A meta-analysis of periodized versus nonperiodized strength and power training programs. Res Q Exerc Sport 75 (2004) S. 413-422).

Kraftausdauertraining ist gerade für Fitnessneukunden die erste Wahl und deshalb auch Bestandteil des ersten Mesozyklus.

Für den Probanden wurde eine lineare Periodisierung gewählt, da sich der Körper erst nach zehn Wochen an einen stets gleichen Trainingsstimulus anpasst, und eine lineare Periodisierung für Fortgeschrittene einfacher zu bewältigen sind. (vgl. Tan B: Manipulating resistance training program variables to optimize maximum strength in men: a review. J. Strength Cond Res 13 (1999) S. 289-304).

5. Trainingsplanung Mesozyklus

	Woche 1	Woche 2	Woche 3	Woche 4
Spezifisches Trainingsziel	Maximalkraft	Maximalkraft	Maximalkraft	Maximalkraft
Einheiten pro Woche	4	4	4	4
Organisations- form	Split/Station	Split/Station	Split/Station	Split/Station
Übungen pro Muskelgruppe	1 – 3	1 – 3	1 – 3	1 – 3
Anzahl Sätze pro Übung	3	3	3	3
Satzpausen in sek.	180	180	180	180
Wiederholungs- zahl	5	5	5	5
Intensität in % ILB	70	75	80	85
Bewegungs- tempo in sek.	3	0	X	3	0	X	3	0	X	3	0	X
Time under Tension in sek.	15	15	15	15

X = explosiv

Tabelle 11: Mesozyklus

Begründung zur Übungsauswahl:

Beispielhaft wird hier der vierte Mesozyklus im Bereich der Maximalkraft dargestellt. Hierbei handelt es sich um einen vierwöchigen Zyklus der in Form eines
Split-Stations-Trainings aufgebaut ist. Es wird mit fünf Wiederholungen pro Satz
und mit drei Sätzen gearbeitet. Das Bewegungstempo beträgt drei Sekunden in
der exzentrischen Bewegungsphase, null Sekunden in der statischen und wird explosiv in der konzentrischen Phase ausgeführt. Die Pause zwischen den Sätzen
beträgt drei Minuten.

Durch die Wiederholungszahl fünf und die etwa drei Sekunden pro Bewegungsausführung kommt man auf eine Satzdauer von etwa 15 Sekunden (Time under
Tension). Alles in allem dauert die Trainingseinheit etwa 49 Minuten, was nur
knapp über den 45 angestrebten Minuten liegt. Um die übergeordneten Prinzipien
der Trainingslehre zu berücksichtigen, wurde das Training auf vier Tage verteilt.
(„Grundlagen und Prinzipien des sportlichen Trainings" Dr. phil. Volker Höltke)

Tag A_1	Tag B_1	Tag A_2	Tag B_2
Warm Up (Allg. + Spez.)	Warm Up (Allg. + Spez.)	Warm Up (Allg. + Spez.)	Warm Up (Allg. + Spez.)
Kniebeuge (LH)	Rudern (enger NG, Turm horizontal)	Beinpresse (Maschine)	Kreuzheben (LH)
Bankdrücken (LH)	Latzug (weiter OG, vertikal am Turm)	Bankdrücken (Schrägbank, LH)	Rudern (enger NG, Turm horizontal)
Butterfly (Maschine)	Buterfly Reverse (Maschine)	Fliegende (Schrägbank, KH)	Latzug (weiter OG, vertikal am Turm)
Nackendrücken (LH)	Bauch (Maschine)	Seitheben (Kabelzug)	Bauch (Maschine)
Trizeps (Turm)	Bizeps (KH)	Trizeps (Turm)	Bizeps (KH)
Cool Down	Cool Down	Cool Down	Cool Down

LH = Langhantel   KH = Kurzhantel   OG = Obergriff   NG=Neutraler Griff
Tabelle 12: Splitplan

Montag	Dienstag	Mittwoch	Donnerstag	Freitag	Samstag	Sonntag
Tag A$_1$	Tag B$_1$	Pause	Tag A$_2$	Tag B$_2$	Pause	Pause

Tabelle 13: Mikrozyklusplanung

Da Herr M. generellen Muskelaufbau sowie eine sportliche Figur möchte, wurden die Übungen dementsprechend gewählt. Um keine allzu hohe Monotonie in den Trainingsalltag zu bekommen und Muskelgruppen nicht zu einseitig zu trainieren, wurden für einzelne Muskelgruppen unterschiedliche Übungen ausgesucht.

Oftmals sind Übungen mit freien Gewichten für Fortgeschrittene Sportler von Vorteil, da sie die Eigenstabilisation fördern und der Wirkung von Synergisten untereinander größer ist (Studienbrief „Trainingslehre I", S. 188, Tabelle 42). Somit wurden auch im Trainingsplan von Herr M. vorwiegend Übungen mit freien Gewichten gewählt.

Beinpresse (liegend 45°):

Die Beinpresse ist eine sehr komplexe Übungen. Es werden der vierköpfige Oberschenkelmuskel, der große Gesäßmuskel, sowie der zweiköpfige Beinbeuger, Halbsehnenmuskel und Plattensehnenmuskel trainiert. Mit dieser Übung hat man die gesamte Beinmuskulatur gut beansprucht, ohne viele Übungen durchführen zu müssen.

Kniebeuge (Langhantel):

Wie bei der Beinpresse wird hier die gesamte Beinmuskulatur gut beansprucht. Jedoch hat die Kniebeuge den Vorteil, dass hierbei durch die stärkere Streckung beziehungsweise Beugung in der Hüfte die Rumpfmuskulatur mehr beansprucht wird. Deswegen wird in der Trainingsplanung auch darauf verzichtet, am Tag A$_2$ ebenfalls Kniebeugen zu trainieren, da das Kreuzheben am nächsten Tag ebenfalls verstärkt die Flexion des Hüftgelenks sowie den zweiköpfigen Beinbeuger trainiert.

Kreuzheben (Wechselgriff):

Wie bei den Kniebeugen ist auch beim Kreuzheben nahezu die ganze Beinmuskulatur beteiligt. Allerdings kommt beim Kreuzheben der autochthonen Rückenmuskulatur eine größere Bedeutung zu. Auch die gerade sowie schräge Bauchmuskulatur wird hier beansprucht. Des Weiteren wird beim Kreuzheben der Trapezmuskel sowie Teile der Armmuskulatur trainiert. Gerade bei langem Sitzen ist ein starker unterer Rücken wichtig, um einen Rundrücken während des Sitzens zu vermeiden.

Das Kreuzheben wird im Wechselgriff trainiert, um ein herausrutschen der Langhantel aus den Händen bei hohem Gewicht zu vermeiden.

Rudern am Turm (enger, neutraler Griff/ horizontal am Turm):

Beim Rudern am Turm sind alle Muskeln beteiligt, die für die Retroversion des Oberarms im Schultergelenk. Der Muskel mit der größten Beanspruchung ist hierbei der breite Rückenmuskel. Des Weiteren sind die Muskeln beteiligt, die für eine Retraktion des Schultergelenks führen sowie die Muskeln, die bei der Flexion des Ellenbogengelenks beteiligt sind. Nicht nur bei vielen Sportarten ist eine kräftige Rückenmuskulatur von Vorteil, auch im Alltag erweist sie sich von großem nutzen. Außerdem bietet ein breites Kreuz ein sportliches Aussehen.

Latzug (weiter Obergriff/ vertikal zur Brust):

„Der Lat Pull [...] ermöglicht eine vertikale, bilaterale Schulteradducktions- und Schulterextensionsbewegung in der Frontal-Ebene des Probanden in sitzender Position." (Haupert, M.: „Zur Belastungsbestimmung im fitnessorientierten Krafttraining"). Die beteiligten Muskeln hierbei sind der breite Rückenmuskel, der große Rundmuskel, der untere Anteil des Trapezmuskel sowie der hintere Anteil des Deltamuskels. Außerdem werden auch hier die Muskeln trainiert, die für die Flexion im Ellenbogengelenk verantwortlich sind (ein- und zweiköpfiger Armbeuger sowie der Oberamspeichenmuskel).

Butterfly Reverse (Maschine):

Bei dieser Übung werden in erster Linie der Trapezmuskel und Rautenmuskel beansprucht. Diese beiden Muskeln sorgen für die Retraktion des Schulterblattes.
Gerade bei sitzenden Tätigkeiten besteht das Problem, dass die Schultern nach
vorne fallen und sich ein Rundrücken bildet. Diese Übung sorgt dafür, dass die
Schulterblätter zusammengezogen werden wodurch die Schultern ebenfalls nach
hinten gezogen werden und die Kreuz-Schulter-Partie breiter wirkt. Des Weiteren
sind der breite Rückenmuskel, der große Rundmuskel sowie der hintere Teil des
Deltamuskels beteiligt, die für eine Retroversion im Schultergelenk sorgen.

Bauch (Maschine):

Durch das Einrollen des Oberkörpers, ist die Bauchmaschine für das Trainieren
der geraden, der inneren und äußeren schrägen Bauchmuskulatur und der quer-
verlaufenden Bauchmuskulatur gut geeignet. Die Bauchmaschine wird hierbei
freien Übungen wie Crunches vorgezogen, da man durch Einstellen der Ge-
wichtsscheiben an der Maschine immer im gewünschten Bereich der Wiederholungen mit der richtigen Intensität trainieren kann.

Bizepscurls (Kurzhanteln, stehend):

Bei den Bizepscurls werden ein- und zweiköpfiger Armbeuger sowie der
Oberamspeichenmuskel gezielt und isoliert trainiert. Durch die während dieser
Übung durchgeführte Supination im Ellenbogengelenk wird der Bizeps verstärkt
trainiert.

Bankdrücken (Langhantel/ Flach- Schrägbank)

„Hauptsächlich beanspruchte Muskeln sind der M. pectoralis major, der M. pectoralis minor, der vordere Kopf des M. deltoideus und der M. triceps brachii."
(Haupert, M.: „Zur Belastungsbestimmung im fitnessorientierten Krafttraining"
zitiert nach Delavier, F. (2000). Muskel Guide. München: blv).

Beim Bankdrücken auf der Schrägbank, das bei etwa 30° durchgeführt wird, werden der obere Anteil der Brustmuskulatur sowie die Schultermuskulatur stärker
beansprucht.

<u>Butterfly (Maschine) und Fliegende (Schrägbank, Kurzhantel):</u>

Butterfly sowie Fliegende trainieren gezielt und isolierter als das Bankdrücken den großen Brustmuskel. Wie auch beim Bankdrücken wird durch das einsetzen der Schrägbank mehr der obere Anteil der Brust besnprucht.

<u>Schulterdrücken (Langhantel):</u>

Durch das Nacken- beziehungsweise Schulterdrücken wird der Deltamuskel sowie der M. trizeps bracii trainiert.

<u>Seiteheben (Kabelzug):</u>

Auch bei dieser Übung wird der Deltamuskel trainiert. Diese Übung wird am Kabelzug trainiert, da sich hierbei sie Widerstandskurve mehr der Kraftkurve anpasst, wobei der Muskel einen besseren Reiz erfährt und effektiver trainiert wird.

<u>Trizepsdrücken (Turm):</u>

Beim Trizepsdrücken am Turm wird der dreiköpfige Armstrecker isoliert trainiert. Diese Übung dient in erster Linie der Umfangzunahme des Oberarms sowie dessen Definition.

<u>„Cool Down – Abwärmen"</u>

Das Abwärmen dient auf der einen Seite dem Herunterfahren der Kreislauffunktionen und der Senkung des Muskeltonus nach dem Training. Andererseits wird Verschleißerscheinungen der aktiven und passiven Strukturen vorgebeugt und die Regenerationszeit verkürzt. Das Abwärmen sollte sowohl eine regenerative Herz-Kreislauf-Belastung (Radfahren, Laufen) mit weniger Intensität (Puls 160 und Abziehen des Lebensalters) mit einer Dauer von 10-15 Minuten beinhalten. Weiterhin ist ein Dehnprogramm zur Senkung des Tonus in den beanspruchten Muskelgruppen von Vorteil. Weiterführende passive Maßnahmen wie Sauna, Solarium und oberflächliche Massagen sind auch von Vorteil.

Zusammenfassung:

Durch die detaillierte Erklärung der Übungen wird gezeigt, dass das Trainingsziel der Testperson berücksichtigt wird. Hauptsächlich der Oberkörper findet hierbei Beachtung, um das Ziel der sportlichen Figur zu erfüllen. Jedoch werden auch die Beine durch Kniebeugen und die Beinpresse, zwei sehr komplexe Übungen nicht vernachlässigt. Auch wurde für die Beine nur eine Übung pro Einheit ge- wählt, da die Testperson anmerkte, dass durch das Ausdauertraining Joggen und das dreimal wöchentliche American-Footballtraining die Beine auch außerhalb des Fitnesstrainings trainiert werden.

5. Literaturrecherche

Studie 1 „Krafttraining und arterielle Hypertonie"

Quelle:

http://www.google.de/url?sa=t&rct=j&q=&esrc=s&source=web&cd=1&cad=rja&
ved=0CDAQFjAA&url=http%3A%2F%2Fwww.rent-a-trainer-
ber-
lin.com%2Fpersonal_training%2Fpublikationen_zum_download%3Fcontent4595
%255Bget%255D%3D4596&ei=p4JAUauyAYGFtQbCyIGABA&usg=AFQjCNF
oWfZ6oQKqbBCOGgLxO6n2xA5AVA&bvm=bv.43287494,d.Yms

Zugriff:

    23.01.2014 8.21 Uhr

Studiendurchführung:

    M. Siewers, B. Weisser

Titel der Studie:

    Krafttraining und arterielle Hyprtonie

Publikation:

    Die Studie wurde am 23.10.2007 akzeptiert

Versuchspersonen und Versuchsdurchführung:

    Zehn Probanden mit einem Durchschnittsalter von 59 Jahren und 14 Pro
banden mit einem Durchschnittsalter von 64,7 Jahren. Zum Vergleich wurden die Testpersonen auch auf einem Fahrradergometer einer
Ausdaueruntersuchung unterzogen.

Ergebnis:

Während des Krafttrainings stieg der Blutdruck nur in geringem Maße an. Beim Ausdauertraining hingegen stieg der Blutdruck schon nach drei Minuten bei 100 Watt deutlich stärker an. Auch bei einem anderen Test mit vier unterschiedlichen Belastungsstufen war ein Anstieg zu vermerken. Festzustellen ist, dass der Blutdruck bei niedriger Belastung und höherer Wiederholungszahl eher steigt als andersherum. Viele Studien beweisen, dass der Blutdruck bei Krafttraining um 2 - 4% gesenkt werden kann.

Fazit:

Kraftausdauertraining mit einer Belastungsintensität von etwa 40 - 60% der individuellen Maximalkraft und ein submaximales Krafttraining mit einer Intensität von etwa 60 – 80% sind optimal zur Blutdrucksenkung geeignet. Mit einem Ganzkörpertraining mit einer hohen und kurzen Belastung und mit Pausen von mehr als zwei Minuten wurden die besten Resultate erzielt.

Studie 2   „Effekte des Krafttrainings bei arterieller Hypertonie"

Quelle:

http://www.ncbi.nlm.nih.gov/pmc/articles/PMC1860691/

Zugriff:

22.01.2014 10.21 Uhr

Studiendurchführung:

K.J. Stewart, P. Ouyang, A.C. Bacher, S. Lima, E.P. Shapiro

Titel der Studie:

„Exercise effects on cardiac size and left ventricular diastolic function: relationships to changes in fitness, fatness, blood pressure and insulin resi stance"

Publikation:

Die Studie wurde am 24.11.2005 publiziert

Versuchspersonen und Versuchsdurchführung:

Die Studie wurde ursprünglich mit 116 Testpersonen durchgeführt. Aus diesen Testpersonen wurden zwei gleichgroße Gruppen mit jeweils 58 Teilnehmern gebildet. Eine Hälfte begann mit einem sechsmonatigem Fitnesstraining, während die Kontrollgruppe nichts an Ernährungs- oder Bewegungsgewohnheiten änderte. Während der Studie schieden 12 Teilnehmer aus verschiedenen Gründen aus. Testergebnisse lagen somit letztendlich für 104 Personen vor. Hiervon waren 51 in der Trainingsgruppe (25 Männer und 26 Frauen) und 53 in der Kontrollgruppe (26 Männer und 27 Frauen). Die 104 Testpersonen waren zwischen 55 und 75 Jahre alt. Das Durchschnittsalter lag bei 63,6 Jahren. Der durchschnittliche Body-Mass-Index lag bei 29,5 kg/m². Der Blutdruck der Testpersonen wies einen systolischen Wert von 139mmHg – 150mmHg und einen diastolischen Wert von 85mmHg – 99mmHg auf.

Die Sportgruppe musste drei Mal wöchentlich ein Ausdauertraining mit einem Krafttraining kombinieren.

Ergebnis:

Es konnten keine negativen Auswirkungen durch das Training auf den diastolischen Wert festgestellt werden. Im Gegenteil wurde bei der Trainingsgruppe eine Verbesserung der Fitness sowie eine Reduzierung des Bauchfetts registriert. Die durchschnittliche Kraft stieg um 17%.

Keine Veränderungen wurden bei der Kontrollgruppe wahrgenommen.

Fazit:

Eine Reduktion des Fettanteils und körperliche Fitness haben positive Auswirkungen für „die langfristige Gesundheit des Herzen" (Edward Shapiro, Co-Autor der Studie). Allerdings darf das Training nicht mit zu hoher Intensität durchgeführt werden.

6. Tabellenverzeichnis

7. Literaturverzeichnis

1. Prof. Dr. paed. habil. Manfred Reiß, Prof. Dr. Sven Fikenzer

   Studienbrief „Trainingslehre I", Saarbrücken im Februar 2013

2. Prof. Dr. paed. habil. Manfred Reiß, Prof. Dr. Sven Fikenzer

   Studienbrief „Trainingslehre II", Saarbrücken im Februar 2013

3. Prof. Dr. med. habil. Dr. paed. Siegfried Israel, Prof. Dr. rer. nat. Sven Fikenzer

   Studienbrief „Medizinische Grundlagen", Saarbrücken im Februar 2013

4. („Zur Belastungsbestimmung im fitnessorientierten Krafttraining")

   http://scidok.sulb.uni-   saarland.de/volltexte/2007/1285/pdf/Dissertation_Haupert.pdf

   Zugriff am 15.03.2013 um 11:55 Uhr

5. („Die Deutschen werden immer dicker")

   http://www.dge.de/modules.php?name=News&file=article&sid=576

   Zugriff am 08.03.2013 um 16:00 Uhr

6. („Klassifikation Köperfett – basierend auf Gallagehr et al., American Journal of Clinical Nutrition, Vol.72, September 2000")

   http://www.advance-omron.ch/de/pdf_products/klassifikation_koerperfett.pdf

   Zugriff am 08.03.2013 um 16:10 Uhr

7. („Grundlagen und Prinzipien des sportlichen Trainings" Dr. phil. Volker Höltke)

   http://www.sportklinik-   hellersen.de/fileadmin/Sportmedizin/Downloads/Buch_Trainingslehre_11_2003.pdf

   Zugriff am 15.01.2014 um 9:35 Uhr